Por onde começo?

Conhecendo novos caminhos

LARICY LIMA

Sumário

APRESENTAÇÃO

A tecnologia toma conta da vida das pessoas. Projetá-la como recurso didático facilitador do processo de ensino aprendizagem torna-se necessário, já que, a interação com a tecnologia tem mudado a maneira de como pensamos e vivemos.

Com tanta informação acessível de forma instantânea através dos meios digitais, a educação tradicional tende a não motivar da mesma forma os estudantes.

Levar tecnologia para a sala de aula de uma forma metodológica, lúdica e divertida pode ser uma solução eficaz na motivação dos estudantes.

Diante de uma sociedade imersa no digital, precisamos considerar a criação de novas práticas educacionais e buscar novos caminhos alinhando o processo de ensino à realidade dos estudantes.

O objetivo deste livro é refletir sobre a importância de uma atualização no processo de ensino e auxiliar na busca de novas práticas para implementar

recursos tecnológicos em sala de
aula.

TECNOLOGIA

É fato que a tecnologia está presente na vida das pessoas. E isso leva a uma reflexão da série de mudanças que ela é capaz de acarretar na forma de conviver dos indivíduos, bem como ela pode interferir em seu cotidiano.

A tecnologia vem ajudando no desempenho das atividades humanas. Ao analisar o cotidiano de uma pessoa é fácil identificar inúmeros momentos em que a tecnologia foi imprescindível para que esse indivíduo executasse uma tarefa simples de sua rotina.

O alarme para acordar cedo e a comida descongelada no micro-ondas para uma refeição rápida são tarefas simples que são executadas todos os dias em que necessitamos de algum recurso tecnológico para agilizar e facilitar a execução.

Na comunicação a tecnologia possui incontáveis ferramentas e uma enorme demanda sendo desenvolvida dia após dia, buscando aprimorar e facilitar o acesso à informação e auxiliando na comunicação. Proporciona, a tecnologia, conforto e praticidade para a vida do indivíduo, conectando-o com o mundo.

Já quando mencionamos tecnologia educacional, a imaginação das pessoas trata logo de mergulhar em um cenário futurístico, quase improvável. Ao contrário do que se pensa, a tecnologia não é atual, as pessoas não se dão conta, mas ela sempre esteve presente em suas vidas e foram tornando-se cada vez mais necessárias.

É de conhecimento de todos que muitas escolas têm um certo déficit de recursos tecnológicos. Ainda há aquelas que, quando os possui, os utilizam apenas de forma técnica pois não possuem um planejamento metodológico aliado à ferramenta.

Com a ausência de recursos metodológicos e carência de uma profunda reflexão do processo de aliar tecnologia e ensino, as aulas começam a parecer desinteressantes, já que um uso técnico das ferramentas, por si só, não apresenta uma forma nova de aprender e ensinar.

Nunca foi tão importante buscar novos caminhos para a educação. As ferramentas tecnológicas podem ser grandes facilitadoras do processo de ensino aprendizagem.

Empregar as novas tecnologias não apenas tecnicamente, mas metodologicamente, pode proporcionar uma educação realmente inovadora. O emprego delas oferece ao processo de aprendizagem mais ludicidade e interação.

O ESTUDANTE

O estudante torna-se, muitas vezes, desmotivado e tende a cansar rapidamente das aulas, visto que, no mundo digital em que está inserido, tudo é muito amplo, acessível e imediato.

Diante disso, o método tradicional de ensino, que requer mais tempo e paciência para que os alunos possam obter determinada informação, dificulta o foco e a atenção no conteúdo. A aula, assim, começa a ser desinteressante e costuma não obter mais um resultado tão eficaz.

É necessário que se inicie um plano para motivar o estudante. "Não podemos esperar das redes eletrônicas a solução mágica para modificar profundamente a relação pedagógica, mas vão facilitar como nunca antes a pesquisa individual e grupal, o intercâmbio entre professores com professores, de alunos com alunos, de professores com alunos. " (BRITO; 2011, p. 112).

Para isso, é importante que todos os envolvidos no ambiente escolar estejam verdadeiramente empenhados em criar uma metodologia educacional tecnológica e inovadora.

O que acontece é que há uma necessidade imediata de se dar início a uma mudança na forma de ensinar, promover uma transformação para motivar o estudante a ir em busca do conhecimento e dar a ele ferramentas para construir seu próprio caminho de aprendizagem.

O PROFESSOR

No processo de mudança do formato de ensino, além de buscar atender as novas necessidades do estudante, o olhar também deve se voltar ao professor, que desempenha um papel cada vez mais importante na sociedade.

O foco inicial da implementação de um plano de renovação e atualização do ensino deve ser na capacitação dos professores, tanto o atuante, quanto nos cursos de formação de docentes, já que é através do trabalho dos professores que se pode realmente concretizar uma transformação na forma de ensinar.

Para que uma mudança efetiva incida é necessário que a próxima geração de docentes tenha uma formação atualizada e sólida de tecnologia digital voltada para a educação.

E, além disso, é necessário um plano apropriado de formação continuada, para que os professores já atuantes possam renovar seus métodos aprendendo a lidar com as mais diversas ferramentas tecnológicas.

Somente assim podemos garantir que os recursos tecnológicos sejam aplicados metodologicamente, e não apenas puramente como ferramentas diferentes para emprego dos mesmos métodos de ensino.

Há, ainda, resistência de muitos professores à implementação dos novos recursos em sala de aula. No que se refere à tecnologia, muitos professores não têm, ainda, uma formação ou uma base sólida de conhecimentos necessários a essa inovação.

Portanto, é importante que o professor tenha suporte para atingir o objetivo de transformar novas tecnologias em ferramentas metodológicas facilitadoras e motivadoras do processo de aprendizagem em si.

EDUCAÇÃO E TECNOLOGIA

Na prática da tecnologia educacional cabe a implementação da metodologia do " aprender a aprender", esta que visa à construção do saber no aluno. O método o ensina a atentar-se não apenas a aprender o conteúdo programado, mas a entender o trajeto até o conhecimento.

Com o uso dos recursos digitais, professor poderá ensinar o

caminho de busca do saber ao estudante para que, mais tarde, ele possa utilizá-lo e descobrir o percurso mais fácil e mais rápido de adquirir novos conhecimentos, criando uma forma que leve em conta suas próprias especificidades.

Além do desenvolvimento, esse método o conduz a um ponto importante: descobrir um caminho que seja agradável, para que o estudante possa sentir confiança e motivação na busca por conhecimento.

Esse método rompe, assim, as barreiras da sala de aula e transporta o estudante a uma visão positiva dos momentos de estudo e do processo de aprendizagem como um todo.

Adaptar métodos que sejam diferenciados é de extrema importância, já que, o indivíduo tem maneiras diferentes de absorver conhecimento levando em conta suas especificidades e estilos de aprendizagem.

É nesse ponto que a tecnologia pode ser o grande diferencial, porquanto permite uma série de adaptações na forma de apresentar o mesmo conteúdo - o que geralmente não é possível na educação tradicional.

O papel do professor nesse processo passa a ser de mediador do conhecimento. Ele vai permitir que o estudante tenha autonomia no processo de construção do conhecimento.

No decorrer do livro mencionaremos alguns exemplos de práticas e estilos de aprendizagem, porém as possibilidades são ilimitadas, basta usar a criatividade e experimentar.

Ouse tentar, e certamente vai encontrar o melhor caminho para inovar na forma de apresentar o conteúdo em sala de aula.

Mas, antes de apresentar as ferramentas tecnológicas e as práticas, é preciso falar um pouco de estilo de aprendizagem. Há vários estudos e teorias a respeito de estilo de aprendizagem, e uma delas é a teoria VAC (VISUAL, AUDITIVO E CISNÉTICO).

A teoria VAC foi desenvolvida por Fernald e Keller e Orton-Gilingham. Esta teoria pressupõe que as pessoas possuem diferentes formas de aprender baseadas nos sentidos visual, auditivo e tátil. Em tese cada pessoa teria um estilo predileto para aprender, ou até mesmo uma mistura equilibrada dos três.

Não podemos deixar de mencionar também a teoria de Vygotsky da zona de desenvolvimento proximal (ZDP), qual pressupõe que entre a zona de desenvolvimento real (habilidade já consolidada) e zona de desenvolvimento potencial (habilidade em que a criança necessita de ajuda para o desenvolvimento) há a ZDP, que é a fase intermediária, onde devem ocorrer os estímulos para que a habilidade seja desenvolvida.

Dessa forma, a tecnologia e os seus variados recursos podem ir muito além de deixar as aulas mais interativas e interessantes, também tornam o conhecimento mais sólido, moldando o conteúdo de acordo com o estilo de aprendizagem de cada um, além

de fornecer os estímulos
necessários para a consolidação
das habilidades.

PRÁTICA

Depois de contextualizar e fazer uma breve reflexão a respeito da importância de incorporar a tecnologia ao processo de ensino, vamos analisar os recursos e algumas formas de aproveitá-los em sala de aula.

O primeiro recurso é bem conhecido: muitos estudantes e professores já utilizam o Power Point para a apresentação de trabalhos em sala de aula.

Esta ferramenta, além de oferecer uma forma rápida e interativa de apresentar os temas, proporciona a oportunidade de complementar a apresentação com sons e imagens.

Exemplos de práticas:

- Montar uma aula em forma de apresentação, acrescentando imagens, vídeos e sons para exibir o conteúdo.

- Pedir para os estudantes que montem uma apresentação dinâmica a respeito de um determinado assunto para ser apresentado em sala de aula.

O celular também pode ser considerado um recurso para desenvolvimento de trabalhos pedagógicos em sala de aula. Muitas escolas proíbem o uso desse aparelho, mas integrá-lo como parte da aula pode contribuir para que os estudantes façam um uso mais inteligente da ferramenta, conduzindo de forma metodológica pesquisas e instruindo o reconhecimento de boas fontes de informação - reforçando sempre, claro, a importância de manter uma postura responsável com as informações compartilhadas.

Exemplos de práticas:

- Criar um grupo em um aplicativo de mensagens de texto.
- Organizar um bate papo a respeito de determinado conteúdo, incentivando um debate onde os alunos devem defender seu ponto de vista e argumentar

apenas através da linguagem escrita.

- Indicar a leitura de um e-book ou artigo relacionado ao conteúdo da aula seguido de uma reflexão coletiva ou debate.

Para auxiliar na comunicação escrita e tornar a produção de texto mais interessante e interativa, o Word pode ser muito útil em sala de aula.

O Word é prático e apresenta ferramentas de edição de texto, dicionário de sinônimos, revisão ortográfica e muitas outras ferramentas que transformam a experiência de redigir um texto mais dinâmica.

Exemplos de práticas:

- Propor aos estudantes uma produção de texto, determinando alguns comandos quanto às características do texto, como cor, tipo de linguagem e formato do texto.

- Propor aos estudantes que façam tabelas de acordo com dados coletados durante uma aula.

O Wordpress permite criar um blog para publicação de textos, imagens e vídeos de forma gratuita. São inúmeras as possibilidades de desenvolvimento educacional na produção de conteúdo para postagem.

Usado metodologicamente em sala de aula, contribui na

construção de senso crítico e ético dos estudantes, desenvolvendo responsabilidade ao utilizar os meios de comunicação.

Exemplos de práticas:

- Criar junto aos estudantes um blog para a turma, permitindo que todos participem do processo de construção.
- Propor pautas para a construção de conteúdo para o blog, construção de textos, imagens e vídeos de forma individual e coletiva.

O Google é muito popular, sendo usado tanto por professores quanto por estudantes, mas ainda tem um grande potencial não aproveitado no âmbito pedagógico.

A utilização do Google em sala de aula poderá influenciar de forma positiva na maneira dos alunos aproveitarem essa ferramenta rica em conteúdo educativo.

Exemplos de práticas:

- Apresentar aos estudantes uma série de notícias, dentre elas, um grupo de informações falsas e outro de verdadeiras, e então propor que façam uma pesquisa no intuito de provar a veracidade ou não das informações.

- Propor uma pesquisa relacionada ao conteúdo que está sendo trabalhado em sala de aula, e então produzir um texto coletivo baseado nas informações encontradas pelos estudantes.

O YouTube também é uma plataforma valiosa para o conhecimento. Nela encontramos uma ampla quantidade de material diferenciado para ser utilizado em sala de aula.

Inúmeros vídeos são enviados a este website todos os dias, dentre eles vídeos que são ricos em conteúdo e metodologia para usar a criatividade e exibi-los em sala de aula.

Podemos encontrar um mesmo conteúdo apresentado de várias maneiras e com diferentes pontos de vista, o que auxilia no planejamento de uma aula fundamentada nos estilos de aprendizagem.

Exemplos de práticas:

- Levar o conteúdo a ser apresentado em sala de aula com vídeos ensinado o mesmo conteúdo em formatos diferentes.
- Apresentar um filme educativo a ser trabalhado em sala de aula.

Jogos eletrônicos são uma forma divertida e lúdica de construir conhecimento. Ao contrário do que se pensa, nem todos os jogos servem apenas para entretenimento, alguns deles foram programados justamente com objetivo de ser instrumento pedagógico.

Permitem apresentar conteúdo de maneira concreta, pois, esses jogos, além de auxiliar no processo de aprendizagem, potencializam e reforçam o conhecimento quando aplicados metodologicamente.

Exemplos de práticas:

- Levar para sala de aula jogos eletrônicos que utilizem o raciocínio matemático.
- Levar para sala de aula jogos eletrônicos de perguntas e respostas sobre curiosidades.

CONCLUINDO

Há inúmeras possibilidades de levar a tecnologia como ferramenta educacional para sala de aula e fazer delas aliadas no processo de ensino.

É certamente trabalhoso, e requer adaptar habilidades e transformar o planejamento das aulas, mas é necessário que se comece a implementar uma educação ajustada a uma sociedade imersa no digital.

O intuito deste livro é apresentar o ponto de partida na construção de um trabalho voltado à implementação de tecnologia em sala de aula.

Ouse começar: escolha três das práticas apresentadas e empregue em seu planejamento.

Se você chegou até este livro, já está no caminho certo, e está buscando novas maneiras de ensinar e motivar seus alunos e, certamente, obterá o merecido sucesso em seu propósito.

REFERÊNCIAS

BRITO, G. S. **Educação e novas tecnologias: um (re)pensar**. Ibpex, 2011.

JÚNIOR, A.G. Desafios ao educador contemporâneo. Intersaberes, 2016

JÚNIOR, R.N.S. **Aprendendo a ensinar**. Intersaberes, 2013

KENSKI, V. M. **Educação e tecnologias**. Papirus Editora, 2007

PADIAL, K. **NOVO ENFOQUE PARA O CELULAR**. NOVA ESCOLA, CURITIBA.65, ABR2015.

ESTILOS DE APRENDIZAGEM. **Dia a Dia Educação,** 2020. Disponível em: https://www.google.com/url?sa=t&source=we b&rct=j&url=http://www.gestaoescolar.diaadia

.pr.gov.br/arquivos/File/sem_pedagogica/julho_2016/dee_anexo1.pdf&ved=2ahUKEwjB5sTGgYHuAhUSG7kGHTs9D4AQFjABegQIBhAF&usg=AOvVawoYgRm7cgZnTueSfM-DX3Os.
Acesso em: 10/09/2020.

SOBRE O AUTOR

Laricy Bezerra de Lima

- Escritora
- Especialista em Metodologia do Ensino na Educação Superior
- Especialista em Formação de Docente para EAD
- Pedagoga
- Tecnóloga em Marketing